대 통 령 문재인의 4년 화 보 집

"함께할 때 우리는 더욱 강합니다.
더 높이 도약하겠습니다."

— 2021년 3·1절 기념사에서

대 통 령
문재인의
4년
화 보 집

더휴먼

"힘내라 대한민국" 마스크를 쓴 문재인 대통령

(2020. 5. 21.)

힘내라
대한민국

"대한민국 동행세일은 아주 질 좋은 제품을 우리 소비자들이 직접 보면서
저렴한 가격으로 구입할 수 있는 기회입니다.
그리고 또 많이 소비를 해 주시면 우리 경제를 살리는데 큰 도움이 될 것입니다."

(2020. 7. 2.)

K-Fashion
러브참 가방
K-Farm
K-Fashion
아이아이 의류
K-Farm
달달자두
BRAND K
텀블러 살균건조기
BRAND K
하루든든 견과바
K-Beauty
달바 스킨케어
K-Beauty

"우리는 오늘 5·18 광장에서 여전히 식지 않은 오월 영령들의 뜨거운 가슴과 만납니다.
언제나 나눔과 연대, 공동체 정신으로 되살아나는 오월 영령들을 기리며,
그들의 정신을 민주주의의 약속으로 지켜온 유공자, 유가족들께 깊은 위로와 존경의 마음을 바칩니다."

(2020. 5. 18.)

"우리는 오늘 6 · 25전쟁 70주년을 맞아, 백마흔일곱 분 용사의 유해를 모셨습니다.
용사들은 이제야 대한민국 국군의 계급장을 되찾고, 70년 만에 우리 곁으로 돌아왔습니다.
지체되었지만, 조국은 단 한 순간도 당신들을 잊지 않았습니다."

(2020. 6. 25.)

"우리는 일본과 '다른 길'을 걸을 것입니다. 대한민국은 위기를 오히려 기회로 삼아 글로벌 첨단소재, 부품, 장비 강국으로 도약해 갈 것입니다. 그와 함께 글로벌 공급망의 안정에 기여하며 국제사회와 협력해 갈 것입니다. 이것이 우리가 가고자 하는, '한국의 길'입니다."

(2020. 7. 9.)

OPEN
우측통행
SK hynix
SK hynix
닫힘문
Closed-Door

경남 하동군 화개장터 집중호우 피해현장에서 자원봉사자를 격려하는 문재인 대통령

(2020. 8. 12.)

충남 천안시 집중호우 피해현장 제방을 둘러보기 위해 장화를 신고 있는 문재인 대통령

(2020. 8. 12)

서울 동대문디자인플라자에서 열린 제75주년
광복절 경축식에서 광복절 노래를 제창하는 문재인 대통령 내외분
(2020. 8. 15.)

제75주년 광복절 경축식에서 독립유공자 가족에 인사하는 문재인 대통령

(2020. 8. 15.)

"질병관리본부를 질병관리청으로 승격합니다!"
초대 정은경 질병관리청장에게 임명장을 수여하는 문재인 대통령
(2020. 9. 11.)

코로나바이러스감염증-19 중앙방역대책본부 (1.20~)
심각
일일 의심신고·확진자 현황
코로나바이러스감염증-19 발생
확진환자
(누적) 21,919
완치
(격리해제)
17,616
치료 중
(격리 중)
3,953 (-84)
사망

"우리 자신의 힘으로 누구도 넘볼 수 없는 강한 안보태세를 갖춰야, 평화를 만들고, 지키고, 키울 수 있습니다.
정부와 군은 경계태세와 대비태세를 더욱 강화하는 한편, 국민의 생명과 안전을 위협하는
그 어떤 행위에 대해서도 단호히 대응할 것임을 국민들께 약속드립니다."

(2020. 9. 25.)

"우리가 만든 수소차와 전기차의 안전성과 우수성은 세계적으로 인정받고 있습니다.
반세기 만에 자동차 생산 강국으로 도약한 우리는 세계를 선도하는 열정과 저력에 기술력까지 갖췄습니다.
확실한 미래차 강국으로 도약할 날이 머지않았습니다.
국민 여러분의 손을 잡고 반드시 새로운 미래차 시대를 열겠습니다."

(2020. 10. 30.)

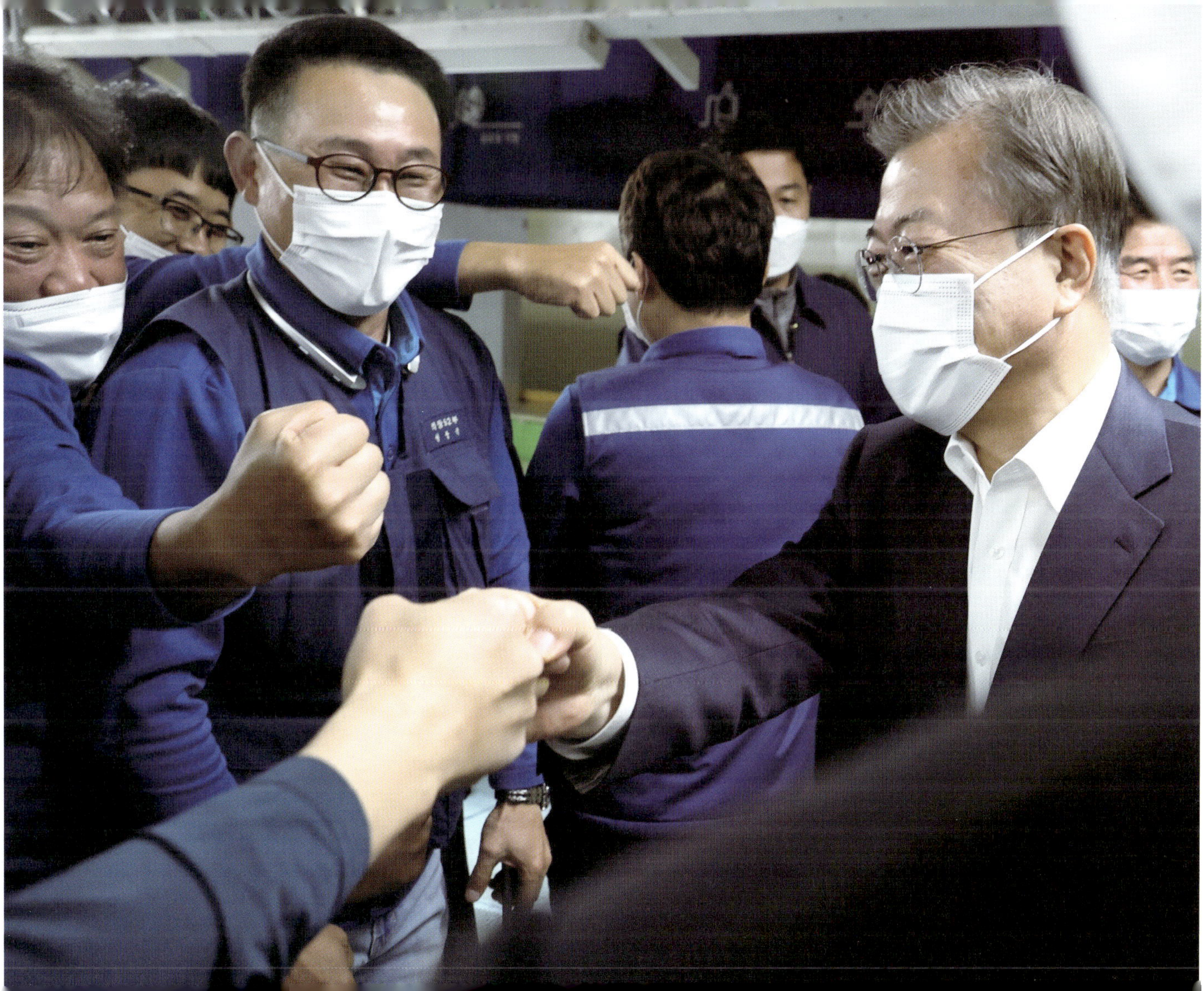

북악산 산행을 마치고 어린이들과 함께 사진을 찍는 문재인 대통령

(2020. 10. 31.)

Supreme
KOREA
GORE-TEX

1968년 김신조 사건 이후 일반인의 출입이 제한된
북악산 북쪽 탐방로를 둘레길로 만들어서 시민들께 개방한 문재인 대통령
(2020. 10. 31.)

K2

"우리는 코로나에 맞서 더 긴밀하게 연대하고 협력해야 합니다.
오늘 G20의 노력이 세계인에게 희망이 되길 바랍니다."

(2020. 11. 21.)

리야드 G20 정상회의
G20 Riyadh Summit 2020
리야드 G20 정상회의
G20 Riyadh Summit 2020
Republic of Korea
SECRETARY-GENERAL
Republic of

"전국에 49만 명이 넘는 우리 수험생 모두에게, 그리고 또 그 수험생들을 또 1년 내내 뒷바라지 해오신 우리 학부모님들에게 특별히 응원과 격려의 말씀을 드리고 싶습니다."

(2020. 11. 29.)

청와대에서 열린 '2020 기부 나눔단체 초청 행사'에서 성금을 기부하는 문재인 대통령 내외분

(2020. 12. 04.)

World Vision

청와대에서 온 · 오프라인 신년 기자회견을 통해 국민과 소통하는 문재인 대통령

(2021. 1. 18.)

"국가 수사의 중추 역할을 담당하게 될 국가수사본부도 출범했습니다.
견제와 균형, 정치적 중립의 확고한 원칙을 바탕으로 책임수사 체계를 확립하길 바랍니다."

(2021. 3. 12.)

"오늘 화성 동탄 공공임대 100만호 기념단지가 국민들께 공공임대주택의 새로운 모습,
새로운 주거문화를 보여주게 되길 기대합니다.
정부는 공공임대주택 공급을 지속적으로 늘려 국민 누구나 빠짐없이 안정적인 주거권을 누리도록 하겠습니다."

(2020. 12. 11.)

“오랫동안 고속철도 개통을 기다려온 강원도민, 충북과 경북 내륙도민들께 더 발전된 최고의 고속철도를 선사하게 되었습니다.
지역경제의 활력을 높이고, 환경오염을 줄이며, 수도권과 지역의 상생을 돕는 1석3조의 효과를 거둘 것입니다.”

(2021. 1. 4.)

대한민국대통령
THE PRESIDENT OF THE REPUBLIC OF KOREA

2021 세계경제포럼에서 특별연설을 하는 문재인대통령

(2021. 1. 27.)

한 – 우즈베키스탄 화상 정상회담에서 인사하는 문재인 대통령

(2021. 1. 28.)

"이곳 신안 앞바다에 들어설 해상풍력단지는 현존하는 세계 최대 해상풍력단지보다 무려 일곱 배나 큰 규모입니다.
여기서 생산되는 8.2기가와트의 전기는 한국형 신형 원전 여섯 기의 발전량에 해당하고,
서울과 인천의 모든 가정이 사용할 수 있는 엄청난 양입니다."

(2021. 2. 5.)

최대 해상풍력단지
바람이

인천시 소래포구 전통어시장에서 생굴을 구입하는 문재인 대통령 내외분

(2021. 2. 10.)

"코로나 백신 예방접종을 앞두고, 접종에 사용될 최소잔여형 주사기 생산업체를 방문하게 되었습니다.
일반주사기는 백신 1병으로 5명을 접종하는 데 비해 최소잔여형 주사기는 주사기에 남게 되는 백신 잔량을
최소화함으로써 6명을 접종할 수 있습니다. 주사기의 효율을 고도화하여 백신을 20% 아끼게 되고,
결국 백신 20%를 더 생산하는 것과 같은 효과를 거두는 셈입니다."

(2021. 2. 18.)

SB Lin
주사기 조립

"우리는 지금 3·1독립운동의 정신과 민주주의, 포용과 혁신의 힘으로 새로운 길을 개척하고 있으며,
세계는 우리의 발걸음에 주목하고 있습니다. 우리는 연대와 협력으로 소중한 일상을 회복할 것입니다.
인도주의와 다자주의, 상생과 포용의 정신으로 국제질서를 선도하는 나라가 될 것입니다."

(2021. 3. 1.)

서울 종로구 탑골공원에서 열린 제102주년 3·1절 기념식에서
독립운동가 임우철 애국지사를 맞이하는 문재인 대통령
(2021. 3. 1.)

"'함께하면 더 힘찬, 애국심으로 가득 찬, 아름다운 사람들'
국군간호사관학교 61기 사관생도 여러분의 졸업과 임관을 진심으로 축하합니다."

(2021. 3. 5.)

"청년 경찰 여러분, 이제 여러분에게 '어려운 국민의 손을, 가장 먼저 잡아드리라'고 명령합니다.
국민 안전 수호의 막중한 임무를 부여합니다. 국민 곁으로, 힘차고 당당하게 나아가십시오.
여러분이 국가의 얼굴임을 늘 명심해주기 바랍니다."

(2021. 3. 12.)

"충남의 에너지전환과 그린 뉴딜 전략의 성공은 대한민국 탄소중립의 성공을 가늠하는 이정표입니다.
정부는 경제와 환경, 자연과 인간이 공존하는 새로운 시대를 반드시 열겠습니다."

(2021. 3. 19.)

대한민국대통령

아스트라제네카(AZ)사의 코로나19 백신 주사를 맞는 문재인 대통령

(2021. 3. 23.)

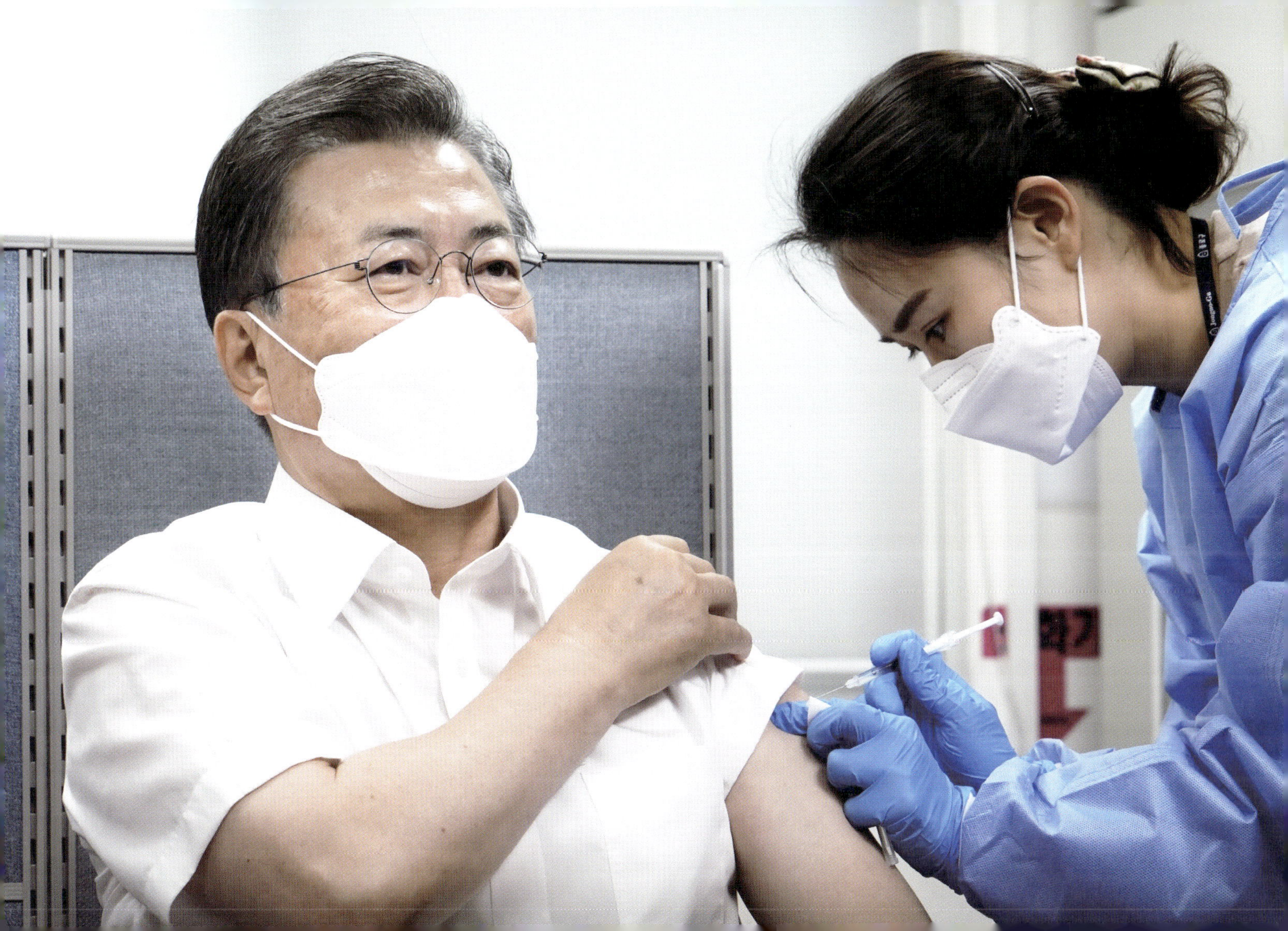

"드디어 오는 10월 '누리호'는 더미 위성을 탑재하여 우주로 떠날 수 있게 되었습니다. 2013년 '나로호'가 러시아의 도움을 받아야 했던 아쉬움을 털어내고 우리 위성을, 우리 발사체로, 우리 땅에서 발사하게 된 것입니다. 세계 일곱 번째의, 매우 자랑스러운 성과입니다."

(2021. 3. 25.)

대한민국대통령
THE PRESIDENT OF THE REPUBLIC OF KOREA

“우리 사회의 부동산 부패 청산이 지금 이 시기 반부패정책의 최우선 과제임을 천명하고,
범정부적 대책을 강력하게 추진하기 위해 긴급하게 소집하였습니다.
우리는 국민들의 분노와 질책을 엄중하게 받아들여야 합니다.”

(2021. 3. 29.)

부동산 부패 청산
제7차 공정사회 반부패정책협의회

반부패정책협의회에서 엄숙하게 국민의례 하는 문재인 대통령

(2021. 3. 29.)

부동산 부패청산

K-방역의 시작은 투명 가림막부터!

(2021. 3. 31.)

서울 종로구 삼청동 주민센터에서 사전투표하는 문재인 대통령 내외분

(2021. 4. 2.)

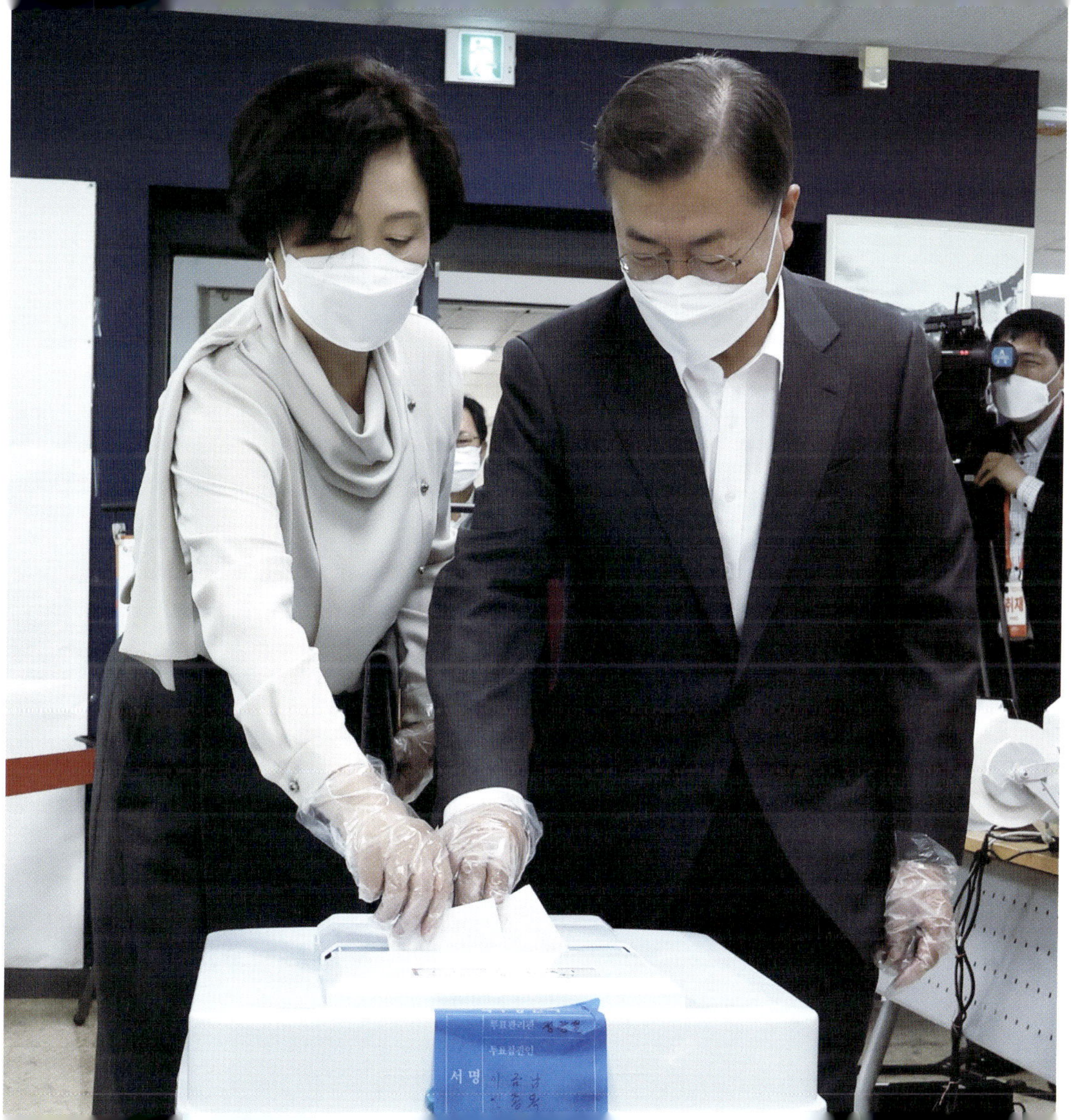
서명

"국가가 국가폭력의 역사를 더욱 깊이 반성하고 성찰하겠다는 마음입니다.
유가족들의 아픔을 조금이나마 달래드릴 수 있기를 바라며, 국민들과 함께 4·3 영령들의 안식을 기원합니다."

제주 4·3특별법 책에 헌화하는 김정숙 여사

(2021. 4. 3.)

제73주년 제주 4·3희생자 추념식을 마친 후 유가족을 위로하는 문재인 대통령

(2021. 4. 3)

"동박꽃이 활짝 피엇수다" 마스크를 쓴 문재인 대통령

(2021. 4. 3.)

동백꽃이 활짝
피었수다

제76회 식목일 기념행사에 참석한 문재인 대통령 내외분

(2021. 4. 5.)

第76회 식목일 기념행사에서 발언하는 문재인 대통령

(2021. 4. 5.)

"오늘 우리가 독자 개발한 한국형 차세대 전투기 'KF-21'의 시제기가 드디어 늠름한 위용을 드러냈습니다.
우리가 우리의 기술로 만든 우리의 첨단전투기입니다."

(2021. 4. 9.)

대한민국대통령
THE PRESIDENT OF THE REPUBLIC OF KOREA

주한 외국대사 신임장 제정식을 마치고 환담장으로 이동하는 문재인 대통령

(2021. 4. 14.)

기후정상회의에서 조 바이든 미국대통령과 화상 회담하는 문재인 대통령

(2021. 4. 22.)

LEADERS SUMMIT ON CLIMATE

"정진석 추기경님의 선종을 애도합니다."
서울 명동성당에 마련된 정진석 추기경의 빈소로 향하는 문재인 대통령 내외분
(2021. 4. 29.)

대통령 문재인의 4년 화보집

초판1쇄 펴낸날 2021년 5월 31일

엮은이 편집부
펴낸이 장영재
펴낸곳 (주)미르북컴퍼니
자회사 더휴먼
전 화 02)3141-4421
팩 스 0505-333-4428
등 록 2012년 3월 16일(제313-2012-81호)
주 소 서울시 마포구 성미산로32길 12, 2층 (우 03983)
E-mail sanhonjinju@naver.com
카 페 cafe.naver.com/mirbookcompany

* (주)미르북컴퍼니는 독자 여러분의 의견에 항상 귀 기울이고 있습니다.
* 파본은 책을 구입하신 서점에서 교환해 드립니다.
* 책값은 뒤표지에 있습니다.